CARNET DE prières POUR FEMMES

Les prières n'ont pas besoin d'être longues ou éloquentes. Elles doivent juste provenir d'un cœur humble et sincère.

DATE: ____/____/____ L M M J V S D

Béni soit L'HOMME QUI MET SA foi dans LE Seigneur.

GRATITUDE

Prière POUR

CE QUI ME TIENT À Cœur

VERSET DU JOUR

réflexion

MA REQUÊTE DE prière

DATE: ____/____/____ L M M J V S D

LE Seigneur COMBATTRA POUR VOUS.

GRATITUDE

Prière POUR

CE QUI ME TIENT À Cœur

VERSET DU JOUR

réflexion

MA REQUÊTE DE prière

DATE: ____/____/____ L M M J V S D

Recherchez ACTIVEMENT la paix AVEC TOUS.

GRATITUDE

Prière POUR

CE QUI ME TIENT À Cœur

VERSET DU JOUR

réflexion

MA REQUÊTE DE prière

DATE: ____/____/____ L M M J V S D

Ses tendresses ne s'épuisent pas ; elles se renouvellent chaque matin.

GRATITUDE

Prière pour

Ce qui me tient à cœur

VERSET DU JOUR

réflexion

MA REQUÊTE DE prière

DATE: ____/____/____ L M M J V S D

VEILLE SUR TON
coeur,
C'EST
de lui
que jaillit
LA VIE.

GRATITUDE

prière POUR

CE QUI ME TIENT À cœur

VERSET DU JOUR

réflexion

MA REQUÊTE DE **prière**

DATE: ____/____/____ L M M J V S D

Éternel EST SON amour.

GRATITUDE

prière POUR

CE QUI ME TIENT À cœur

VERSET DU JOUR

réflexion

MA REQUÊTE DE **prière**

DATE: ____/____/____ L M M J V S D

Tout ce QUE VOUS faites, faites-le pour LA GLOIRE DE Dieu.

GRATITUDE

prière POUR

CE QUI ME TIENT À cœur

VERSET DU JOUR

réflexion

MA REQUÊTE DE prière

DATE: ____/____/____ L M M J V S D

Fais ce qui est **bien.**

GRATITUDE

Prière pour

Ce qui me tient à cœur

VERSET DU JOUR

réflexion

MA REQUÊTE DE **prière**

DATE: ____/____/____ L M M J V S D

Que la parole du Christ habite en vous dans toute sa richesse.

GRATITUDE

Prière pour

Ce qui me tient à cœur

VERSET DU JOUR

réflexion

MA REQUÊTE DE **prière**

DATE: ____/____/____ L M M J V S D

Recherchez toujours ce qui est bien, entre vous et avec tous.

GRATITUDE

Prière pour

Ce qui me tient à cœur

VERSET DU JOUR

réflexion

MA REQUÊTE DE prière

DATE: ____/____/____ L M M J V S D

Ayez la joie de l'espérance, tenez bon dans l'épreuve, soyez assidus, à la prière.

GRATITUDE

Prière pour

CE QUI ME TIENT À cœur

VERSET DU JOUR

réflexion

MA REQUÊTE DE prière

DATE: ____/____/____ L M M J V S D

Faites CONFIANCE À Dieu, NON À vous-même !

GRATITUDE

Prière POUR

CE QUI ME TIENT À Cœur

VERSET DU JOUR

réflexion

MA REQUÊTE DE *prière*

DATE: ____/____/____ L M M J V S D

Il rend DES forces À L'HOMME fatigué.

GRATITUDE

prière POUR

CE QUI ME TIENT À cœur

VERSET DU JOUR

réflexion

MA REQUÊTE DE **prière**

DATE: ____/____/____ L M M J V S D

Si Dieu est pour nous, qui sera contre nous?

GRATITUDE

Prière pour

CE QUI ME TIENT À cœur

VERSET DU JOUR

réflexion

MA REQUÊTE DE **prière**

DATE: ____/____/____ L M M J V S D

Moi, je crie vers toi, Seigneur ; dès le matin, ma prière te cherche.

GRATITUDE

Prière POUR

CE QUI ME TIENT À Cœur

VERSET DU JOUR

réflexion

MA REQUÊTE DE prière

DATE: ____/____/____ L M M J V S D

Ceux qui mettent leur espérance dans le Seigneur trouvent des forces nouvelles.

GRATITUDE

Prière POUR

CE QUI ME TIENT À Cœur

VERSET DU JOUR

réflexion

MA REQUÊTE DE prière

DATE: ____/____/____ L M M J V S D

LE Seigneur TON Dieu SERA AVEC TOI partout. OÙ TU IRAS.

GRATITUDE

Prière POUR

CE QUI ME TIENT À Cœur

VERSET DU JOUR

réflexion

MA REQUÊTE DE prière

DATE: ____/____/____ L M M J V S D

GRATITUDE

La foi peut déplacer DES montagnes.

Prière POUR

CE QUI ME TIENT À Cœur

VERSET DU JOUR

réflexion

MA REQUÊTE DE prière

DATE: ____/____/____ L M M J V S D

ATTACHEZ-VOUS AU *bien.*

GRATITUDE

prière POUR

CE QUI ME TIENT À *cœur*

VERSET DU JOUR

réflexion

MA REQUÊTE DE **prière**

DATE: ____/____/____ L M M J V S D

Mais nous, QUI ESPÉRONS CE QUE NOUS *ne voyons pas,* NOUS L'ATTENDONS *avec* PERSÉVÉRANCE.

GRATITUDE

Prière POUR

CE QUI ME TIENT À *Cœur*

VERSET DU JOUR

réflexion

MA REQUÊTE DE prière

DATE: ____/____/____ L M M J V S D

Celui qui est en vous est plus grand que celui qui est dans le monde.

GRATITUDE

Prière POUR

CE QUI ME TIENT À Cœur

VERSET DU JOUR

réflexion

MA REQUÊTE DE **prière**

DATE: ____/____/____ L M M J V S D

Déchargez-vous sur lui de tous vos soucis, puisqu'il prend soin de vous.

GRATITUDE

Prière pour

Ce qui me tient à cœur

VERSET DU JOUR

réflexion

MA REQUÊTE DE **prière**

DATE: ____/____/____ L M M J V S D

LE Seigneur bénit son peuple EN LUI donnant LA PAIX.

GRATITUDE

Prière POUR

CE QUI ME TIENT À Cœur

VERSET DU JOUR

réflexion

MA REQUÊTE DE prière

DATE: ____/____/____ L M M J V S D

NOUS *cheminons* DANS LA FOI, NON DANS *la claire vision.*

GRATITUDE

Prière POUR

CE QUI ME TIENT À *Cœur*

VERSET DU JOUR

réflexion

MA REQUÊTE DE prière

DATE: ____/____/____ L M M J V S D

Dieu est au milieu d'elle : elle est inébranlable.

GRATITUDE

prière POUR

CE QUI ME TIENT À cœur

VERSET DU JOUR

réflexion

MA REQUÊTE DE prière

DATE: ____/____/____ L M M J V S D

Car rien NE SERA impossible POUR Dieu.

GRATITUDE

Prière POUR

CE QUI ME TIENT À Cœur

VERSET DU JOUR

réflexion

MA REQUÊTE DE prière

DATE: ____/____/____ L M M J V S D

Priez SANS cesse.

GRATITUDE

prière POUR

CE QUI ME TIENT À cœur

VERSET DU JOUR

réflexion

MA REQUÊTE DE prière

DATE: ____/____/____ L M M J V S D

MAIS LE *Seigneur* EST FIDÈLE, *il vous* AFFERMIRA ET VOUS *préservera* DU MAL.

GRATITUDE

Prière POUR

CE QUI ME TIENT À *Cœur*

VERSET DU JOUR

réflexion

MA REQUÊTE DE prière

DATE: ____/____/____ L M M J V S D

Un cœur RECONNAISSANT ATTIRE tous LES miracles.

GRATITUDE

prière POUR

CE QUI ME TIENT À cœur

VERSET DU JOUR

réflexion

MA REQUÊTE DE **prière**

DATE: ____/____/____ L M M J V S D

Commence CHACUNE DE TES journées AVEC UN coeur RECONNAISSANT.

GRATITUDE

Prière POUR

CE QUI ME TIENT À Cœur

VERSET DU JOUR

réflexion

MA REQUÊTE DE prière

DATE: ____/____/____ L M M J V S D

Crois au pouvoir des prières.

GRATITUDE

prière POUR

CE QUI ME TIENT À cœur

VERSET DU JOUR

réflexion

MA REQUÊTE DE prière

DATE: ____/____/____ L M M J V S D

Fortifie-toi et prends courage, Dieu, ton Dieu, est avec toi partout où tu iras.

GRATITUDE

Prière POUR

CE QUI ME TIENT À Cœur

VERSET DU JOUR

réflexion

MA REQUÊTE DE prière

DATE: ____/____/____ L M M J V S D

DONNE À Dieu TES FAIBLESSES ET IL TE donnera SA FORCE.

GRATITUDE

prière POUR

CE QUI ME TIENT À cœur

VERSET DU JOUR

réflexion

MA REQUÊTE DE **prière**

DATE: ____/____/____ L M M J V S D

Rien ne changera l'amour que Dieu te porte.

GRATITUDE

prière POUR

CE QUI ME TIENT À cœur

VERSET DU JOUR

réflexion

MA REQUÊTE DE prière

DATE: ____/____/____ L M M J V S D

La gentillesse est une fleur rare qui ne se vend pas et ne s'achète pas. Elle se donne.

GRATITUDE

Prière POUR

CE QUI ME TIENT À Cœur

VERSET DU JOUR

réflexion

MA REQUÊTE DE prière

DATE: ____/____/____ L M M J V S D

SOIS BON *envers* AUTRUI SANS *raison.*

GRATITUDE

Prière POUR

CE QUI ME TIENT À *Cœur*

VERSET DU JOUR

réflexion

MA REQUÊTE DE **prière**

DATE: ____/____/____ L M M J V S D

La prière est la plus grande force de l'homme.

GRATITUDE

Prière POUR

CE QUI ME TIENT À Cœur

VERSET DU JOUR

réflexion

MA REQUÊTE DE prière

DATE: ____/____/____ L M M J V S D

Prier, c'est se remettre entre les mains de Dieu.

GRATITUDE

prière POUR

CE QUI ME TIENT À cœur

VERSET DU JOUR

réflexion

MA REQUÊTE DE prière

DATE: ____/____/____ L M M J V S D

GRATITUDE

La vraie RICHESSE C'EST D'AVOIR un ami qui prie.

Prière POUR

CE QUI ME TIENT À Cœur

VERSET DU JOUR

réflexion

MA REQUÊTE DE prière

DATE: ____/____/____ L M M J V S D

QUELQUEFOIS *il suffit* D'UNE PRIÈRE POUR TOUT *changer.*

GRATITUDE

Prière POUR

CE QUI ME TIENT À *Cœur*

VERSET DU JOUR

réflexion

MA REQUÊTE DE prière

DATE: ____/____/____ L M M J V S D

Racontez SA GLOIRE parmi LES nations, SES MERVEILLES PARMI TOUS LES peuples.

GRATITUDE

prière POUR

CE QUI ME TIENT À cœur

VERSET DU JOUR

réflexion

MA REQUÊTE DE prière

DATE: ____/____/____ L M M J V S D

TOUT EST *possible* À *Dieu.*

GRATITUDE

prière POUR

CE QUI ME TIENT À *cœur*

VERSET DU JOUR

réflexion

MA REQUÊTE DE prière

DATE: ____/____/____ L M M J V S D

Que le Seigneur te bénisse et te garde !

GRATITUDE

Prière POUR

CE QUI ME TIENT À Cœur

VERSET DU JOUR

réflexion

MA REQUÊTE DE prière

DATE: ____/____/____ L M M J V S D

N'AIMONS pas en paroles NI PAR DES discours, MAIS PAR des actes ET EN vérité.

GRATITUDE

Prière POUR

CE QUI ME TIENT À Cœur

VERSET DU JOUR

réflexion

MA REQUÊTE DE prière

DATE: ____/____/____ L M M J V S D

LES *chemins* LES PLUS ESCARPÉS *mènent* SOUVENT AUX PLUS *belles* DESTINATIONS.

GRATITUDE

prière POUR

CE QUI ME TIENT À *cœur*

VERSET DU JOUR

réflexion

MA REQUÊTE DE prière

DATE: ____/____/____ L M M J V S D

CHAQUE *jour* NE PEUT ÊTRE BON MAIS IL Y A DU *bon*, DANS CHAQUE *jour*.

GRATITUDE

prière POUR

CE QUI ME TIENT À *cœur*

VERSET DU JOUR

réflexion

MA REQUÊTE DE *prière*

DATE: ____/____/____ L M M J V S D

L'art de l'amour c'est l'œuvre de Dieu en toi.

GRATITUDE

Prière pour

Ce qui me tient à cœur

VERSET DU JOUR

réflexion

MA REQUÊTE DE prière

DATE: ____/____/____ L M M J V S D

Tu y gagnes TOUJOURS EN offrant TON amour.

GRATITUDE

prière POUR

CE QUI ME TIENT À cœur

VERSET DU JOUR

réflexion

MA REQUÊTE DE *prière*

DATE: ____/____/____ L M M J V S D

Un mot *gentil* peut CHANGER *toute* LA JOURNÉE DE *quelqu'un.*

GRATITUDE

Prière POUR

CE QUI ME TIENT À *Cœur*

VERSET DU JOUR

réflexion

MA REQUÊTE DE **prière**

DATE: ____/____/____ L M M J V S D

Que tout SE FASSE chez vous DANS LA charité.

GRATITUDE

prière POUR

CE QUI ME TIENT À cœur

VERSET DU JOUR

réflexion

MA REQUÊTE DE **prière**

DATE: ____/____/____ L M M J V S D

DE *gentilles* PAROLES ONT LE DON DE *guérir.*

GRATITUDE

Prière POUR

CE QUI ME TIENT À *Cœur*

VERSET DU JOUR

réflexion

MA REQUÊTE DE **prière**

DATE: ____/____/____ L M M J V S D

La force et la grâce sont sa parure.

GRATITUDE

Prière POUR

CE QUI ME TIENT À Cœur

VERSET DU JOUR

réflexion

MA REQUÊTE DE prière

Printed in Poland
by Amazon Fulfillment
Poland Sp. z o.o., Wrocław
20 December 2023

64ff5587-ddcd-497e-a036-e3b0ff293efeR01